NOUVEAU SYSTEME

DE MUSIQUE PRATIQUE

Qui rend L'étude de cet art plus facile en donnant de L'agrement a la Solfiation et en Soutenant ainsy L'ardeur des Commençants

DEDIÉ

(A Son Altesse)

Monseigneur le Marechal

COMTE DE SAXE

PAR

Mr. DENIS

Cy-devant directeur des accademies royales de Musique de Lyon, Roüen, Marseille, Lisle, Bruxelle et Anvers, et Maitre de Musique des Cathedrales de St. Omer et de Tournay

Livre Premier

A PARIS

Chez

(L'Autheur grande rue du Fauxbourg St. Martin vis a vis l'Eglise St. Laurent.

(Messieurs Ballard Pere et Fils, rue St. Jean de Beauvais).

(Madame Boivin Marchande rüe St. Honoré a la Reale d'Or.

(Monsieur le Clere, Marchand rüe du Roule a la Croix d'Or.

avec Privilege du Roy 1747

Prix 9 lt. Broché

Gravé Par Melle Vauchon.

A Son Altesse

Monseigneur le Comte de Saxe,
Duc de Courlande et de Semigallie,
Marechal général des Camps
et Armées du Roy.

Monseigneur,

Le principal objet de la Musique est D'aider à la Poesie a celebrer
les heros, de contribuer ainsi a elever L'esprit des hommes et a Leu

instruire par le récit des actions Sublimes, en même temps qu'elle leur presente
l'amusement le plus noble, le plus délicieux et le plus ravissant. Quel autre Art,
Monseigneur, parmi ceux qui se proposent de plaire aux sens, pourroit-donc
a plus juste titre, que la Musique, se mettre sous la protection de Vôtre Altesse,
et se consacrer à elle? Et quelle protection la Musique pourroit-elle d'ailleurs
ambitionner plûtôt que celle d'un heros né (Je n'hesite point sur cette expression
qu'on n'à pas encore employée faute d'occasion de la placer si proprement) d'un
heros que la sagesse et toutes les vertus prirent plaisir à former comme de concert,
Qui par sa haute extraction, par sa figure, par ses premiers exploits, ressemble si bien
au tableau d'imagination que la Fable nous présente dans hercule, et qui par ses
grandes qualitez, par toutes ses grandes actions, par les grands services de tous genres
qu'il à rendu au Maître auquel il s'est donné, s'est mis si fort au dessus de tous
les modéles que l'imagination pourroit tracer; Qui protegea d'ailleurs toûjours les Arts,
Qui eut toûjours du goût pour nos concerts, qui ne dédaigna point dans toute sa
splendeur de recevoir au milieu de nôtre spectacle la Couronne si justement meritée,
Couronne qui luy fût alors offerte moins par la main d'Erato représentant la gloire,
que par le public qui soutenoit la hardiesse de cette Muse par ses acclamations. Icy,
Monseigneur, je vois s'ouvrir à moy vne carriere qui m'effraye avec juste
raison. Toutes les sortes de merite qui vous acquirent dés vos plus tendres années
les vœux et les homages de la Courlande; Les prodiges jusqu'alors inoüis que vous
fites incontinent après pour vous conserver la souveraineté que cet Etat vous avoit
deferée librement; L'intrepidité que vous avez montrée depuis parmi-nous lorsque n'étant

pas encore au prémier grade, dont vous etiez déja si digne, vous guidiez
d'une main nos troupes en emportant de l'autre les Palissades de
Philisbourg; Les ressources que vôtre genie vous à fournies pour ouvrir à la
france les portes de Prague, à l'instant critique où la valeur seule n'auroit
pû s'emparer assez promptement de cette capitale; Egra, forteresse redoutable,
qu'une poignée de troupes mêlée à de vils païsans emporta sous vos ordres
en peu de jours et dans la saison la plus rude, quoy-que déffendue
par un nombre presque egal de Soldats; Nos frontieres conservées dans les
circonstances les plus délicates et les plus épineuses: Les allarmes de la france
lorsqu'une cruelle maladie menaçoit vos jours, allarmes qui prouvent
que, quoy-que né hors de son Sein, vous luy êtes cependant aussi cher que
le plus aimé de ses enfans; Fontenoy, ou votre ombre) car, ce que la postérité
refusera de croire, vous etiez mourant alors) Fontenoy, dis-je, où votre ombre
surpassa les chefs-douvres des plus grands hommes; La Flandres, cette province
hérissée de places fortes, enlevée, surprise, conquise, en trois campagnes; Racourt
journeé à jamais memorables où la valeur des françois à si fort éclaté, et qui
à si Dignement couronné toutes les autres actions du chef qui les animoit
de ses exemples; La bienveillance signalée du Roy, seule récompence digne
de vous; Le Titre si honnorable que le successeur Auguste de Loüis XIV.
donne à vn autre Turenne, et qui n'étoint réservé qu'a deux hommes
véritablement grands, ce sont la; Monseigneur, autant d'objets trop
au dessus de ma plume et de mes foibles talents, pourque j'entreprenne

de les traiter. Je me borne a inviter nos Poëtes a vous célébrer, et les grands musiciens de nos jours a les seconder, à l'envi.
Je suis avec un tres profond respect.

Monseigneur
De vôtre Altesse

Le tres humble et tres
Obeïssant Serviteur
Denia

Avant Propos

Il est peu d'arts qui ayent été poussés à un si haut point de perfection que la musique, il n'en est
pourtant gueres dont on desire plus generalement et plus ardemment d'acquerir la connoissance, et
il n'en est en même temps peut etre aucuns dont on ait moins bien donné les regles. C'est un
beau palais au quel on n'arrive que par les chemins les plus tortueux et les plus difficiles.
Mais si les bons principes de tous les arts ne sont, Comme il est vray, autre chose que les reflections
que des critiques judicieux ont faites Sur les chefs d'œuvres des bons autheurs, qu'elle raison peut
avoir Empeché jusqu'à present que nous n'eussions un Corps de preceptes sur la musique, dans
Laquelle tant de grands hommes ont Excelé, comme nous en avons sur toutes les autres Sciences.
Pourquoy lorsqu'on a eu une fois reconnu la necessité de donner des regles pour la
Composition ne S'est on pas apperçu qu'on en manquoit encore plus pour L'enseignement de
la musique pratique? cette foule d'Eleves qui nous Echapent, parce qu'ils se degoutent des abords
rebutans de nôtre Science ne merite t'elle donc pas autant d'etre rappellée, que le petit nombre
qui Surmonte les premieres difficultés peut meriter de son Coté d'etre encouragé et aidé a en
faire davantage; je me trompe bien si ce peu de reflections ne Suffit pas pour prouver
qu'il y a eu jusqu'icy dans les musiciens plus de genie quelque rare qu'il Soit neantmoins
parmy eux que des vrays talens pour instruire, qu'ils ont plustost pensé a S'Elever de plus
en plus qu'applanir a ceux qui aspiroient a les Suivre les Obstacles qu'ils avoient eu
eux même le bonheur ou le Courage de franchir.
C'est cet ouvrage qui manquoit dans la musique que je me suis proposé d'ebaucher icy;
mais presumant peu de mes forces dans une Entreprise si Epineuse et si hardie, je me
suis bien gardé ny d'en embrasser L'Objet dans toute Son etendue, ny de m'en tracer le plan
de moy même, et j'ay cru qu'il Seroit bien plus Sûr de preferer Celuy que me dictoit
naturellement L'Observation Suivie pendant 40 années des defauts des methodes de
ceux qui m'ont precedé.

II

Je me borneray donc icy a demontrer L'art de L'enseignement avec toute la netteté dont
je Seray Capable: et dans cette vue j'en donneray une theorie Succinte au moyen de la=
=quelle j'espere qu'il Sera facile aux Etudiants de parvenir a une pratique Suivie et certaine,
et C'est ce que j'attends Sur tout du nombre des leçons en ordre de tous genres et de
tous Caractheres qu'on trouvera dans mon livre, leçons que je crois propres a Soutenir
L'Emulation jusqu'a la parfaite lecture).

J'expose fort au long les principes fondamentaux de L'intonation, et j'y ay eté obligé
par rapport a L'extention que je donne a L'Echelle de L'Octave, par tierces. quartes,
quintes, Sixtes, Septiemes, et Octaves).

Mes leçons commencent dabord par la clef au naturel, je m'en tiens la jusques a ce que
L'Etudiant soit assuré de cette premiere position, et je ne fais battre jusqu'alors que
la mesure a quatre temps. Laquelle est la base de toutes les autres.

Jaloux de soutenir l'ardeur de l'ecolier j'entremèle dans la pratique, des blanches, des noires,
des croches, des doubles croches, et un chant diatonique et Suivi. C'est là, je pense la route la
plus assurée pour prevenir le degout de cette Etude, et ce qui me Confirme surtout dans
cette idée C'est qu'en S'y prenant de la Sorte L'Etudiant S'apperçoit pour ainsy dire a
chaque pas des progrès qu'il fait.

Dela je passe aux traspositions des tons par les diezes, je donne quatre pages a chacune de
ces positions, et je fais ensuite pratiquer par ordre toutes les autres mesures.

Aprés avoir traité des cinq diezes qui S'apposent a la clef, j'en viens aux transpositions des tons
par les Cinq bemols, et je donne aussy quatre pages de chacun; je reduits icy a Sept, toutes
les positions quoy qu'on en puisse faire monter le nombre jusqu'a 88. de Sorte qu'ayant
pratiqué la premiere au naturel, les Cinq diezes, et le premier bemol, on Connoitra toutes les
autres. il Sera fort aisé de S'en Convaincre par l'experience, et c'est là, une des principales
Causes auxquelles je pense devoir attribuer le progrés assez rapide que mes Eleves ont pû faire.
Peut etre que les divers noms que je donne au bemol accidentel paroitront etranges a

quelques personnes, mais tout ce que j'ay en ce Cas a repondre, C'est que je ne me
suis determiné la dessus que sur L'avis des gens tres habiles, et aprés ma propre Experience
Je me flatte que les innovations que je fais au Sujet de quelque mesures ne seront point
rejettées, Soit celle qui regarde la mesure a quatre temps tres lents marquée ainsy
ϕ, Soit celle qui a rapport a la mesure du trois pour quatre $\frac{3}{4}$ et qui me Sert pour
la mesure a trois temps graves, Soit enfin pour ce qui regarde le trois couppé 3 et que
j'employe pour le menuet et d'autres airs de ce mouvement je donne au reste dans
le traité des mesures les raisons qui m'ont Engagé a faire toutes ces differentes innovations,
Je retablis outre cela la mesure a trois pour un $\frac{3}{1}$, mesure qu'on avoit abandonnée depuis
la fin du dernier Siecle, et qui n'en est cependant pas moins naturelle qu'on doit regarder
Comme la base de toutes les mesures Composées.

Il est encore d'autres restitutions que j'ay cru devoir faire, ce sont celles de la maxime
et de la quarrée ou demie maxime, on les trouvera au Commencement de la table
de toutes les Especes de nottes, il est vray que ces deux nottes ne sont plus en usage
mais Comme elles sont neantmoins Existantes je les admets par cette raison L'une et
L'autre, la premiere pour balancer le baton de quatre pauses: et la Seconde pour balancer
celuy de deux pauses: il arrive de là que tous les Silences se trouvent balancés
par une notte qui leur fait a chacun un Espece d'Equilibre ou de parallele, et j'espere
que ces dernieres restitutions pourront ainsy Contribuer a faire regner doresnavant
dans la musique plus d'ordre et plus de regularité.

Je ne m'arreteray pas a exposer en detail les differents avantages qui peuvent
resulter de toutes ces pratiques nouvelles, pour la pluspart, mais je ne dois pas Ometre
d'en Faire remarquer icy un general que ce livre n'offre pas moins aux disciples
qu'aux maitres, C'est qu'il Epargnera a ceux cy la peine de Composer châque jour
de nouvelles Leçons, et que ceux la, Se trouveront a portée de profiter de tout
le temps des leçons qu'ils recevront.

Game Double

	voix.	voix
E	Si	mi
D	La	re
C	Sol	ut
B	fa	si
A	mi	La
G	re	Sol
F	ut	fa
E	Si	mi
D	La	re
C	Sol	ut
B	fa	si
A	mi	La
G	re	Sol
F	ut	fa
Figures	Colonne de bemol b	Colonne de beccarre ♮

Il y a trois clefs qui Sont tirées de la Game et qui produisent Les voix par gradation tant par Bemol que par Beccarre, C'est a dire au naturel.
Ce Sont la clef de G, re, Sol: Celle de C, Sol, ut: Et celle D'f, ut, fa:

Exemple de La clef de G, re, Sol, avec Ses positions au nombre de deux, tant par Bemol que par Beccarre, c'est a dire au naturel.

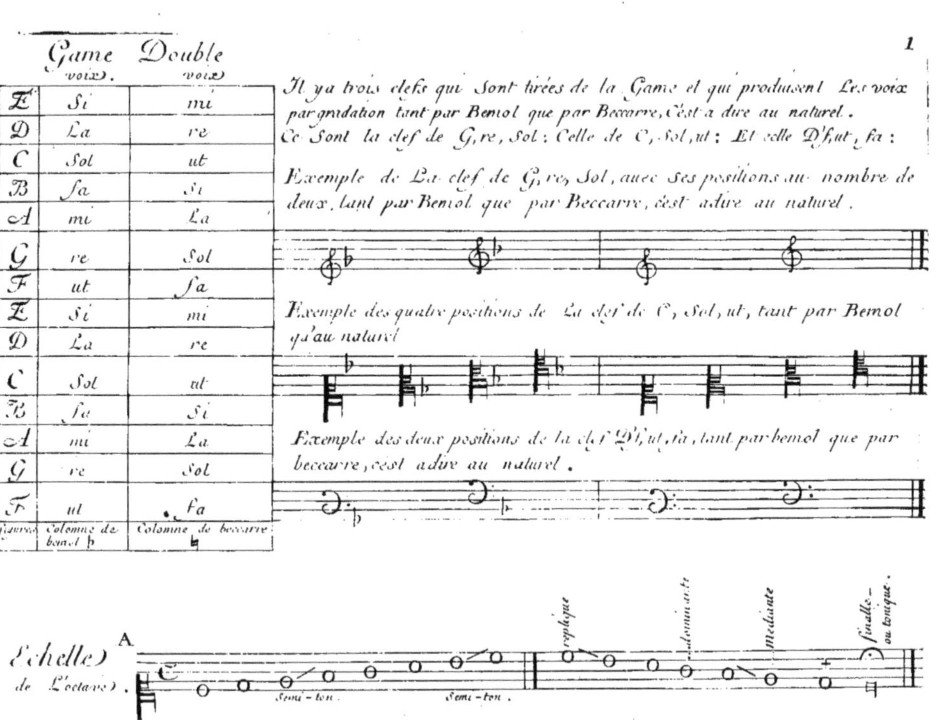

2

L'octave se divise par tons et semi-tons majeurs et mineurs: Elle forme Sept intervalles, dont Cinq Sont composez d'un ton, et deux d'un Semi-ton majeur, qui Sont du mi au fa, et du si a L'ut, marquez par un petit trait oblique. Les autres Cinq intervalles sont composez d'un ton, chacun.

On divise encore L'octave par Semi-tons au nombre de douze, dont sept majeurs, et Cinq mineurs.

Les semi-tons majeurs Sont ceux qui Sont formés de L'intervalle d'un demi degré, en changent de corde, comme de L'ut dieze, au re; du re, au mi bemol, du mi naturel au fa &c.

Les semi-tons mineurs, ce Sont ceux qui Sont formés de L'intervalle d'un demi degré Sans changer de Corde, Comme de L'ut naturel a L'ut Dieze, du re, au re Dieze, du mi bemol au mi naturel. &c.

Voyez L'exemple a la division de L'octave par semi-tons majeurs et mineurs. B

Chaque ton est decidé par la notte finale, et C'est par cette raison qu'on La nomme notte du ton, ou tonique et fondamentale.

Cette finale a deux cordes ou nottes qui lui sont intimes, et une troisieme de sur-abondance, Ces trois nottes sont, La tierce, dite mediante; La quinte, dite dominante; et L'octave dite replique, qui est celle de Surabondance: la tierce ou mediante determine le mode, parce qu'elle varie, C'est à dire qu'elle est tantôt majeure et tantôt mineure.

Elle est majeure Lors qu'elle est composée de deux tons, et en ce cas le mode est majeur: elle est mineure lors qu'elle est composée d'un ton et un semi-ton, et alors le mode est aussi mineur.

La quinte ou dominante est toujours juste, et composée de trois tons et d'un Semi-ton, tant dans le mode majeur que dans le mineur.

L'octave ou replique est encore toujours juste, et est composée de Cinq tons et de deux Semi-tons: Ces quatre cordes ou nottes forment ensemble L'accord parfait. voyez l'echelle de l'octave A

VOICY une jdée de la nature des accords qui se trouvent dans L'Etendue de L'octave. Sont La Seconde, la tierce, la quarte, la quinte, la Sixte, la Septieme, et L'octave).

La Seconde est majeure et mineure; La premiere est composée d'un ton, et L'autre d'un Semi-ton majeur.

La tierce est aussy majeure et mineure: La majeure est Composée de deux tons, et La mineure d'un ton et un Semi-ton majeur.

La quarte est toujours juste, et composée de deux tons, et d'un Semi-ton majeur.
La quinte est encor toujours juste, Composée de trois tons et d'un Semi-ton majeur.
La Sixte varie, et elle est tantost majeure et tantost mineure; La majeure est composée de quatre tons et d'un Semi-ton majeur, et La mineure, est composée de trois tons et deux Semi-tons majeurs.
La Septieme varie aussi, La majeure est Composée de Cinq tons et d'un Semi-ton majeur; et la Septieme mineure est composée de quatre tons et de deux Semi-tons majeurs.
L'octave est composée de Cinq tons et de deux Semi-tons majeurs.
Je ne parle point des autres accords Consonants ou dissonants; ces accords n'étant point de L'enseignement de la musique pratique, et faisant partie de la composition musicale.

Traitté des mesures.

On a negligé jusqu'ici D'aprofondir la theorie des mesures soit Simples soit Composées; et les auteurs qui en ont traitté, ont toujours passé Legerement sur leur definition, on ne Sçauroit neant moins disconvenir qu'elles ne fassent une des principales parties de la musique, puisque Sans elles non Seulement il seroit impossible de peindre les passions et d'entrer dans tous les caractheres; mais encore il faudroit renoncer a tous les avanatages de L'harmonie, qui deviendroit même dez lors, une pure Cacoffonie: Car comment mettre en évidence la justesse des accords si ce n'est par la precision de la mesure?

Je me propose D'expliquer clairement dans cet ouvrage les diverses mesures dont on se sert dans la musique, ou plustôt de tirer pour ainsy dire des tenebres un Suiet si important et si peu traitté. Nous n'avons que trois divers mouvemens qui renferment toutes les mesures: Sçavoir les mouvemens a quatre temps, a trois temps et a deux temps; Lorsque les mesures qui leur repondent Sont Simples, on les marque par un C, un 3, un 2, ou bien un ₵, suivant qu'elles sont à quatre temps, à trois temps, à deux temps legers, ou à deux temps graves, et on les nomme alors Simples et principales.₵.
Toutes les autres mesures qu'on apelle Composées Se designent par deux chiffres:
L'un de ces chiffres marque le nombre des nottes qui entrent dans la mesure, et L'autre marque la qualité de ces nottes.

4. Toutes les nottes qui sont d'usage en musique, sont des rondes, des blanches, des noires,
des Croches, des doubles Croches, des triples Croches, des quatruples croches &c.
Si l'on designe La ronde par le chiffre 1, il est Evident qu'il faudra designer La blanche
par le chiffre 2, La noire par le chiffre 4, la croche par le Chiffre 8, la double croche par le
chiffre 16, La triple Croche par le Chiffre 32, La quatruple croche par le chiffre 64 et ainsi
de Suite. parce qu'une ronde vaut deux blanches, quatre noires, huit croches, Seize doubles
croches, trente deux triples croches, Soixante quatre quatruples croches &c.
Ces chiffres se placent L'un au dessus de L'autre. Celui qui marque le nombre des nottes contenu
dans la mesure est au dessus, et celui qui marque la qualité ou l'espece de ces nottes est au dessous
Ainsi comment marquerois-je une mesure a trois temps ou châque temps sera d'une ronde ?
Puis qu'il y a trois nottes dans la mesure, j'écris D'abord un 3 et puisque chacune de ces nottes est une ronde
et que la ronde est designée par 1, j'écris le chiffre 1, au dessous du trois en cette maniere $\frac{3}{1}$.
Comment marquerois-je une mesure a trois temps, dont la mesure Contient neuf nottes et ou châcune
de ces nottes est une triple croche ;
    j'écrirois d'abord 9, et comme il faut 32 triples croches pour la valeur d'une ronde et que 32
designe par consequent, les triples croches j'écrirois 32 au dessous du 9 en cette maniere $\frac{9}{32}$.
On voit donc que toutes les mesures composées a trois temps Sont, $\frac{3}{12}, \frac{3}{4}, \frac{3}{8}, \frac{3}{16}, \frac{3}{32}$, &c. $\frac{9}{12}, \frac{9}{4}, \frac{9}{8}, \frac{9}{16}, \frac{9}{32}, \frac{9}{64}$ &c.
Elles se raportent a la mesure a quatre temps, a la mesure a trois temps, et la mesure a deux
temps : elles ne derivent neantmoins que de la mesure a quatre temps, et c'est là, la Seule
Origine de toutes les mesures, Sans en Excepter même les mesures Simples a 2, et a 3 temps.
Cette assertion toute paradoxe qu'elle puisse paroitre, n'en est pas pour cela moins Certaine,
et je me flatte que les Exemples Suivans en fourniront La preuve La plus Satisfesante.

De la mesure a quatre temps.

Nous commencerons par cette mesure dont la marque est un C et qui Suivant ce que nous venons de dire est L'origine de toutes les autres.

Deux baissés et deux levés la composent et la terminent entierement; il est important que les deux baissés qui sont les temps forts, soient Separés par les levés ou les temps foibles, Sans quoy la mesure sera inegalle : en effet si les deux temps forts ou les deux baissés etoient Consecutifs, ils entraineroient dez lors les deux autres qui le seroient aussi, et par la on tomberoint inevitablement dans une inegallité continuelle de mouvement, d'ou S'ensuivroit une Execution defectueuse. Le premier baissé se fait dans cette mesure en battant :

Le premier levé qui Suit immediatement apres, S'execute en portant la main vers L'epaule gauche, c'est le Second temps :

Le Second baissé qui fait le troisieme temps, doit etre jetté a L'opposite vers le genoux droit, et le quatrieme temps qui forme le Second levé et finit la mesure, S'elance en enhaut vers L'oreille.

Les croches doivent dans cette mesure etre Egalles, et les doubles croches y doivent etre inegalles comme si elles etoient pointées, Scavoir, La premiere de chaque temps Longue, la Seconde brève : La trosieme Longue, et la quatrieme brève : Nous remarquerons de plus ici en passant, qu'il n'est jamais permis de couper ou de respirer aprés une brève.

Depuis que la Sonate est en usage en france, on se Sert frequemment dans L'adagio, d'une mesure a quatre temps tres lents, et on l'y marque du meme Signe que dans la mesure à quatre temps graves, ce qui rend le mouvement defectueux Contre L'intention de L'auteur, C'est dans la vüe de prevenir cet inconvenient que je donne ici un caracthere marqué de cette sorte Φ pour designer cette mesure. Quant a la mesure a quatre temps legers marquée par un C et à celle qui se bat a deux temps graves, je trouve apropos pour les distinguer L'une de l'autre, D'ajouter à la premiere un trait en forme de croissant au haut de la barre en cette maniere ₵, ce qui empechera qu'on ne S'ecarte du vray mouvement.

De la mesure a trois temps.

Cette mesure est marquée par un 3, et elle est composée d'un temps fort qui est le premier, d'un temps foible qui est le Second, et d'un temps perdu qui la termine.

Les croches y Sont ordinairement inegalles ou pointées, C'est adire que la premiere de chaque temps est Longue, et l'autre bréve; elles Sont neantmoins quelque fois Egalles, et cela arrive Lorsqu'il se trouve dans la piece, des croches pointées, dont le point est marqué auec une Suite de doubles croches inegalles, comme dans la mesure a quatre temps.

La mesure a trois temps est la plus variée, et c'est cepandant celle dont on a le plus negligé de marquer les divers mouvemens par des Signes ou des caractheres particuliers; on ne trouve dans tous les auteurs, tant anciens que modernes, que quatre caractheres ou Signes pour la designer, Sçavoir, le $\frac{3}{2}$, le 3 Simple, le $\frac{3}{4}$, et le $\frac{3}{8}$, et ces quatre Caractheres ne doivent même etre comptés que pour trois, puisque le $\frac{3}{4}$ dont se servent les Seuls Italiens n'est en Effet autre chose que notre 3 Simple qu'ils ne marquent pas; j'ay jugé a propos de porter au lieu de cela, Le nombre réel de ces caractheres, et deleur difference jusqu'a Six; j'en ay ajouté en particulier un, qui m'a paru absolument necessaire, et j'ose Esperer en cela L'aprobation de tous les maitres de L'art. Tout le monde Convient que l'on doit battre a trois temps lents La mesure a trois pour deux $\frac{3}{2}$ et on pourroit en donner pour preuve Le passage de prothée dans phaëton, prenes soin sur Ces bords des troupeaux de neptune . acte p.er du même opera, le duo, que mon sort Seroit doux . acte Second Enfin Cet autre duo dumême opera, helas ! une Chaine si belle ! acte Cinquieme &.ca

On Sçait d'ailleurs que la passacaille, La Sarabande, les Sourdines D'armide, les Songes agreables D'atis, L'aimable vainqueur D'hesione &c.a sont marquez par un 3 Simple et d'un mouvement grave On n'ignore pas que la Chaconne, La villanelle des fetes venitiennes, les tritons dans phaëton et un nombre infini d'airs de ce goul qui sont gays, sont marqués aussy par un 3 Simple, et ces Observations ne doivent pas non plus avoir Echapé aux maitres judicieux et Eclairés, mais ce

quil y a de Surprenant et qui m'a toujours revolté; C'est que le mouvement du menuet
Soit egallement marqué par un 3 Simple, quoyque cette danse Soit beaucoup plus gaye
que la Chaconne : quelle difference L'oreille ne Sent elle pas entre ces trois mouvemens qui
sont cepandant marqués de la même maniere).

J'ay cru remedier a ces inconveniens en designant les trois mouvemens dont ie viens
de parler par trois Signes a la verité peu differens l'un de l'autre, mais Suffisans pour les distinguer.

Le $\frac{3}{2}$ est connu et decidé pour la mesure a trois temps lents; quant au mouvement
grave de la passacaille, de la Sarabande &ca ie les designe par le $\frac{3}{4}$ dont les Italiens Se
Servent indifferemment et peut etre avec peu de discretion pour toutes Sortes de mesures
a trois temps, lents, graves, ou legers, vifs ou tres vifs.

Le 3 Simple me Sert pour la Chaconne, la villanelle &ca dont le mouvement est
gay, et pour le menuet je me Serts pour en designer le mouvement, qui est tres
leger, d'un 3 Couppé Obliquement au dessous de Sa partie Superieure, et marqué en cette sorte. 3.

On doit dans le menuet battre la mesure a trois temps très legers, et comme il
n'est pas possible de marquer tres legerement Les trois temps sans que le mouvement
de la main decrive une Espece de cercle, ce qui pourroit rendre la mesure diffuse, il
faut par cette raison Compter le premier temps en battant, le Second avant de lever,
et le troisieme en Levant. Ce moyen Si facile dans L'Execution, est avec cela le
Seul par le quel on puisse battre cette mesure juste).

Quand aux mesures Composées de ce genre ce Sont D'abord $\frac{3}{2}$ et $\frac{3}{4}$ dont j'ay deja
parlé, et de plus $\frac{3}{8}$, $\frac{9}{4}$, et $\frac{9}{8}$, qui me restent a definir icy.

La mesure a $\frac{3}{8}$ renferme trois croches au lieu de huit, on les y fait Egalles, et on y
bat comme dans le trois couppé qui est la mesure du menuet, mais un peu plus vivement.
La mesure a $\frac{9}{4}$ renferme neuf noires au lieu de quatre, et Se bat a trois
temps graves, il faut trois noires a chaque temps qui Sont Egalles et Les
Croches inegallées).

Enfin la mesure a $\frac{9}{8}$ renferme neuf croches au lieu de huit, et se bat a trois temps legers, il faut trois croches a chaquetemps, on Les fait Eyalles et les croches inegalles. Pour la mesure du menuel on Sçait que les maîtres a danser la font battre a deux temps, renfermant ainsi deux mesures et parconsequent Six noires dans une seule mesure. Suivant ce principe j'ay cru qu'il Seroit apropos de marquer la mesure a Six pour quatre en cette Sorte $\frac{6}{4}$.

J'observerois par la, L'analogie de cette mesure avec les deux autres ordinaires du menuel, et que j'en faciliterois en même temps L'intelligence aux Ecoliers, ce qui ne pourroit être que tres Satisfesant pour les maîtres a danser.

C'est dans cette veüe que j'ay inseré dans la Suite de mes Leçons plusieurs menuets a $\frac{6}{4}$, j'en ay même marqué quelques uns par le trois Couppé $\bar{3}$

De la mesure a deux temps.

La mesure a deux temps est une reduction de la mesure a quatre temps, parcequ'il faut pour la remplir, une ronde, ou deux blanches, ou quatre noires, ou huit croches, ou seize doubles croches &^{ca} ainsi que pour remplir la mesure a quatre temps : elle est composée d'un baissé qui est le temps fort, et d'un levé qui est le temps foible, elle comprend 1°. deux temps graves marqués par un ¢. 2°. deux temps legers marqués par un 2. 3°. deux temps vifs marqués par $\frac{2}{4}$. 4°. deux temps tres vifs marqués par $\frac{2}{8}$. 5°. deux temps Extrememement vifs marqués par $\frac{2}{16}$. 6°. $\frac{6}{4}$ qui se bat a deux temps graves. ~ °enfin $\frac{6}{8}$ qui se bat a deux temps gays.

Ces mouvements a deux temps qui parroissent être au nombre de Sept, n'en renferment neantmoins que Cinq parceque ces deux dernieres se raportent Sçavoir le premier au ¢, et le Second au 2, C'est a dire L'un a deux temps graves, et L'autre a deux temps legers. L'abus dans lequel je croi qu'on est tombé consiste en ce qu'on a choisi le 2 pour le rigaudon, la gavotte la bourrée, et plusieurs autres pieces de ce genre, au lieu qu'il auroit eté plus apropos de ce servir du $\frac{2}{4}$: c'est en effet ceque quelques auteurs ont sagement pratiqué dans le tambourin qui n'est autre chose qu'un rigaudon.

Il y a huit Sortes de nottes dont nous allons donner ici Les noms, Les formes ou figures, et les valeurs Conformement a la mesure a quatre temps, au moyen de quoy il Sera aisé d'en faire le parallele ou de les Comparer L'une a L'autre.

Table du nom, de la forme ou figure et la La valeur des nottes

Nom.	Figure.	Valeur.
Maxime		vaut quatre mesures, C'est adire Seize temps.
Quarrée ou demy maxime		vaut deux mesures, C'est adire huit temps.
Ronde		vaut une mesure, C'est adire quatre temps.
Blanche		vaut demy mesure, C'est adire deux temps.
Noire		vaut un temps.
Croche		vaut demi temps.
Double croche		vaut un quart de temps.
Triple croche		vaut demi quart de temps.

Il y a encor de petites nottes dont on se Sert dans les ports de voix, et dans les Coulés pour L'ornement du Chant, mais qui n'ont aucune valeur dans La mesure. On les fait quelque fois Croches, doubles Croches, ou triples croches C'est une chose qui depend absolument du Choix de L'auteur

Des feintes.

Il y a trois feintes dans la musique qui sont le bemol ♭ par accident, le
dieze ✸ par accident, et le becearre ♮ par accident, le bemol baisse la notte qui le
suit d'un semi-ton et outre cela, la change en fa sur le si :
en za sur le, mi : en da sur le la : et en do sur le sol.
Comme la musique est beaucoup plus travaillée et la modulation plus variée qu'elle ne
l'étoit anciennement, j'ay jugé apropos de donner des noms differens a chacun de ces bemols
par accidens, auxquels on disoit toujours fa, ce qui fesoit trouver trois et quatre fa, dans
l'étendue de l'octave et embarrassoit les ecoliers; et depuis 40 ans que j'enseigne je me
suis toujours tres bien trouvé de cette pratique.
A l'egard du dieze il n'y a rien a changer, il fait hausser d'un semi-ton la notte qui le suit.
Le becearre suprime le bemol et le dieze, en fesant revenir la notte qui le suit a son ton naturel

Du point Musical.

Le point musical qui se marque en cette sorte . augmente la notte qui le precede de la moitié
de sa valeur : ensorte qu'une ronde pointée O. vaut six temps ou trois blanches de la mesure
a quatre temps, parceque le point de la ronde vaut une blanche.
La blanche pointée ♩. vaut trois temps ou trois noires, parceque le point de
la blanche vaut une noire.
On suit le meme ordre pour toutes les autres nottes pointées, et par cette raison
le point d'une noire, vaut une croche : Le point d'une croche, vaut une double croche,
et celuy de la double croche, vaut une triple croche .

Des Pauses ou Silences.

Il y a des Caractheres ou Signes pour marquer les Silences et qu'on appelle des pauses,
Le plus long de ces Signes qu'on nomme baton, est de quatre pauses, c'est adire qu'il
vaut quatre mesures de Silence, il fait ainsi en quelque Sorte parallele a la maxime
qui vaut quatre mesures, et C'est pour cette raison que je l'ay admise en la table de
toutes les Sortes de nottes, ainsi que la quarrée ou demi maxime, dont on ne se sert
plus que pour la notte finale, et qui fait parallele avec le baton de deux pauses.
Il en est dememe des autres batons, Celuy d'une pause vaut autant que la ronde : Celuy
d'une demi pause, vaut autant qu'une Blanche : La partie de baton qu'on nomme Soûpir,
vaut une noire : Le demi Soûpir, vaut une croche, le quart de Soûpir, vaut une double
Croche : et le demi quart de Soupir vaut une triple croche.

Des caractheres ou Signes qui servent a l'ornement du chant.

La Cadence ou tremblement, est le plus Essentiel de tous les agremens, et c'est en même
temps le plus varié, il y en à de plusieurs sortes : Sçavoir, la Cadence preparée, la Cadence
feinte ou Sanglottée, la Cadence Subite, la Cadence en L'air : la Cadence jettée, la double
et triple Cadence ; la Cadence Suspendue, et la Cadence Coulée..
La Cadence preparée se nomme de la Sorte, parcequ'avant de faire le battement, on la
prepare du degré Superieur et prochain a la notte Cadencée. Cette preparation doit se faire
avec justesse et a proportion de la valeur de la notte ; si c'est une ronde la preparation doit
être de la moitié de sa valeur, et il en est de meme si c'est une blanche, mais si c'est
une blanche ou une noire pointée, la preparation doit etre de toute la valeur de la
notte pointée, et on ne doit faire alors le battement ou tremblement que sur
la valeur du point.
La Cadence feinte se prepare de la même maniere et en enflant le son.

12

La Cadence Subite, La Cadence jettée, la Cadence en L'air, La double et la triple
Cadence, ainsi que celle qu'on appelle Suspendue, ne se preparent point; La Cadence coulée
est celle qui se fait Sans tremblement ou en passant d'une notte Superieure a celle qui
lui est inferieure d'un degré, pour remonter en suite a la même notte Superieure: ce
qui arrive Lorsque La Cadence est Suivie d'une Seule Sillabe.
Le Coulé de tierce se fait Lorsque descendant de tierce, On lie d'un Seul coup de Langue
La Seconde avec la tierce, ainsy Lorsqu'on chante La, fa, on Elide quelque fois la notte
moyenne, Sol, avec le fa, C'est le gout qui decide des cas ou cette Elision doit avoir
lieu, et on la marque Souvent par une petite notte perdue, ou par un petit croissant; ou⌢.
Le port de voix, se marque aussy par une petite notte perdue, ou par un petit ˇ et ne se fait
qu'en montant. le double port de voix se marque par deux petites nottes perdues en
montant de tierce qui est la notte qui porte
Le martellement se marque par un petit v renversé ˆ,
L'accent se marque par'un petit trait perpendiculaire au dessus de la notte et ne se
fait qu'en montant ꝑ ou en finissant une tenue Suivant L'expression.
La liaison, sert a lier ensemble deux nottes, trois nottes, ou même un plus grand nombre,
et son effet consiste a rassembler la valeur de toutes ces nottes dans la même tenue
ou Suspension de son, Lors qu'elles sont sur le même degré, de sorte qu'elles ne parroissent
plus en faire qu'une Seule; on S'en sert encore pour les Coulés tant en montant qu'en
descendant il ne faut alors articuler qu'une Sillabe, et prendre le nom de la notte
qui à le plus de valeur et qui porte plus d'harmonie sur la basse. le grand Exercice et
le gout perfectionnent dans Cette Connoissence. On ne donne aux instrumens qu'un seul
Coup d'archet ou bien un coup de langue pour deux, trois ou plusieurs nottes liées ensemble
La reprise, se marque par deux lignes paralleles tirées verticalement avec des point au
milieu ǁ, elle indique qu'il faut reprendre la premiere partie de L'air qu'on vient de
dire, et presque toujours la Seconde partie.

Le renvoy Signifie une petite reprise, et se marque ainsy. 𝄎.

L'accolade, sert pour faire passer de la première notte à celle a la Seconde, en laissant la première parcequ'on la dite avant de faire la reprise, on en trouve frequemment des Exemples Soit au milieu, soit a la fin des airs.

Le guidon se trove ordinairement a la fin de la ligne ou portée, il annonce La première notte de la ligne Suivante, et quelque fois on le met ou au dessus ou au dessous d'un renvoy dans la petite reprise.

Le point final termine L'air, et il indique qu'on ne doit point faire de reprise. on S'en sert aussi pour marquer un point d'orgue sur la même notte, C'est a dire qu'on peut executer Sur cette notte fondamentale tel chant qu'on voudra pourvou qu'il se termine a cette même notte, ou à la quinte, ou a la tierce

Quand on trouve des croches ou des doubles croches avec un point dessus ou dessoua, il faut en ce cas les faire Égalles et detachées; Ce qui n'arrive que dans les pieces, ou ces mêmes nottes sont inegalles dans toutes les autres parties du même air.

La Sincope est une notte qui Commence a la derniere partie d'un temps, et qui Continue jusqu'a la première partie de l'autre.

Il me reste a parler de la mutation et permutation des modes; la mutation de ton ou mode a lieu lors qu'aprês avoir traité un ou plusieurs couplets d'un Mode, par exemple en C, Sol, vt majeur, l'on passe ensuite dans un autre couplet ou verset en a, mi, la mineur, ou bien dans quelqu'autre mode relatif soit d'une tierce, d'une quarte ou d'une quinte &c. Quant a la permutation des modes, elle a lieu lorsqu'on passe d'un ton ou mode majeur a son mineur, ou bien du mineur au majeur, on remarquera que la notte fondamentale qui est la finale ne change a lors que de nom, qu'elle conserve toûjours le même Son, et qu'il n'y a que la tierce qui diffère parcequ'elle determine le mode.

tierce
quarte
quinte
Sixte
Guidon
Septieme
octave
Leçon de tierces en montant par dégrés conjoints et di-joints
Leçon de tierces en descendant.

leçon de tierces par dégrés dijoints.
leçon de 4.tes en montant
leçon de 4.ev en descendant
leçon de 5.tes en montant.
Denis.

16
leçon de 5.tes en descendant
leçon de 3 et 5.te sur chaque degré ce qui forme l'accord parfait.
leçon de 6.tes en montant
leçon de 6.tes en descendant.

17
leçon de 7.es en montant.
leçon de 7.es en descendant.
P.re Recapitulation.
2.e Recapitulation.
Syncope

18 Il y a trois feintes, qui sont, le Bemol ♭. le Dieze ✕. et le Beccare ♮. par accidents
le ♭, baisse la notte qui le suit d'un Semi-ton, et la change en fa
sur le si, en za sur le mi, en Pa sur le la, et en dó sur le sol. on peut
neanmoins nommer la notte bemol du nom que la position de la Clef luy
donne, on a le choix. Le ✕. hausse la notte qui le suit d'un Semi-ton le ♮.
oste le ♭. et le ✕. et remet la notte a son ton naturel

Le point ☉ augmente la notte qui le precede de la moitié de Sa Valeur

Baton de 4 poses,
Baton de 2 poses,
Baton d'une posé,
Vallant 4 mesures.
Vallant 2 mesures.
Vallant 1 mesure.
Batons de demi-pose châque,
Soûpirs,
demi-Soûpirs,
Vallans demi-mesure.
Vallant un tems.
Vallant un demi tems.
quarts de Soûpirs,
demi-quarts de Soûpirs.
Vallans un quart de tems.
Vallant un demi-quart de temps.

double
Cadance.

Il y à 5 diezes que l'on pose immediatement après la clef, qui servent a
la transposition des tons. le p.er est en f, ut, fa: Le 2.e en C, Sol, ut: Le 3.e en Gre, Sol;
le 4.e en D, la, re: et le 5.e en a, mi, la, p.our apprendre facillement l'ordre de leur
position on dira... fà, ut, Sol, re, la. Il faut dire, Si, au dernier posé de la Susdite regle.
Exemple.

air.

air.

Petite chaconne
fantaisie
Sarabande.

Menuet

Menuet

Leçons du 2.e Dieze
Echelle de l'octave pour connoitre la position du 2.e Dieze
Prelude.
fanfare.
Courante.

30
Marche.
Air

Caprice.

Caprice

32
Muzette
Air de Pastre.

Leçons du 3.^e Dieze

34
Courante.
Air.

Ritournelle.

Prelude

Air.

36
Rigaudon.
Tambourin

Leçons du 4.e Dieze.

Prelude.

Sarabande.

Air de furies

Air de furies

forlane.

Loure.

40
Menuet.
Marche

Leçons du 5.^e Dieze.

42
Canaries.
Gigue.

43
Loure en Rondeau
Fin.
au commencement
jusqu'au mot fin
Air.

44
Gigue Italienne.
Menuet.

Exemple de la mesure a quatre temps très lents, avec nombre D'agrements
pour l'ornement du chant et la manierede Solfier en pareil cas en Observant les liaisons
Coulé
Cad. Subite
Cad. martellement en l'air.ou pincé.
Cad. jettée
accent
Cadence feinte Sol...vt...
cad. jettée Port de voix
Cad Sanglottée
coulé
fa... Cadence Sol...
fa...
la
la
vt
vt re mi
Cad Preparée
la Si vt re mi Si
inflection
mi....
re... fa... Sol...Sol....
mi..
la... vt...
re
re.... fa.... Sol...
Sol...Si... vt...
port de voix
la...
mi
fa... D.Cad. en l'air
re...
re...
Sol.. fa...
vt......
fa......
cad coulée
....Sol... vt... fa...
re...
Si...

Il y a 5 bemols que l'on pose immediatement aprés la clef pour la transposition. des tons. Le p.er est en B, fa, Si; le 2.e en E, si, mi; le 3.e en A, mi, la: le 4.e en D, la, re: et le 5.e en G, re, sol. Pour apprendre facillement l'ordre de leur position on dira Si, mi, la, re, Sol. il faut dire fa, au dernier posé de la Susdite regle.

Exemple

fa, Sol, ut. fa, Sol, ut. fa, Sol, ut. fa, Sol, ut. fa, Sol, ut.

Prelude

Salterelle en Rondeau.

Fin

au commencement jusqu'au mot, fin.

Gigue
Canaries.

Sarabande.
Gigue.
la fa
la
re
Si la mi
fa mi
Sol

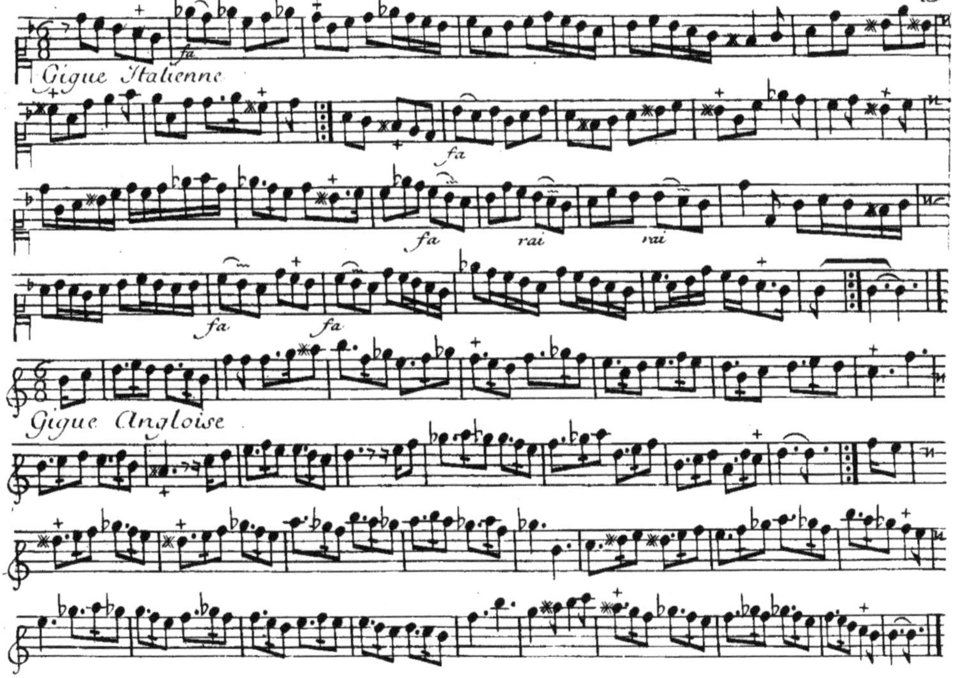

Gigue Italienne

Gigue Angloise

Leçons du 2.ᵉ Bemol.

Ritournelle
Mathelotte.

52
Tambourin. 
Tambourin en Rondeau.
Fin

53
Air de Pastre.
Gavotte en Rondeau.
au Commencement.
jusqu'au mot fin.

54
Leçons du 3.e bemol
Bruit de guerre.
Air.
Air.

55
Air en Rondeau.
Fin.

156
Air.
Passepied.

Tambourin
Fin
Tambourin.

58
Leçons du 4.e Bémol.
Prelude.
Air.

Air.
Gigue en Rondeau. Fin.
Da capo.

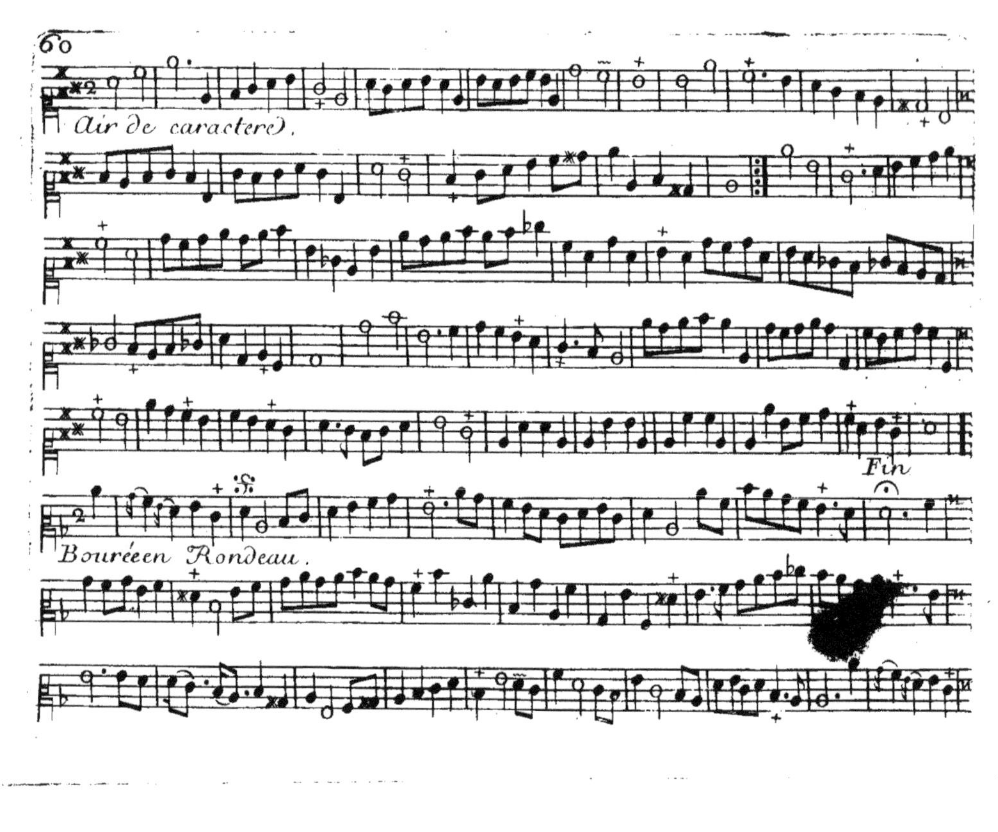

60
Air de caractere).
Fin
Bouréeen Rondeau.

Rondeau jus
qu'au mot fin

Gavotte

Leçons du 5ᵉ Bemol
Prelude
Air

Caprice.
Si ut Si
Caprice.

164
Prelude.

Air de furies.

Division de L'octave par Semi-tons, dont Sept majeurs et cinq mineurs

Permutation des modes.
Prelude.
fantaisi.

168
p.er Passe-pied.
Fin.
2.e Passe-pied.
On Reprend Le
p.er passepied.
air.

Loure.

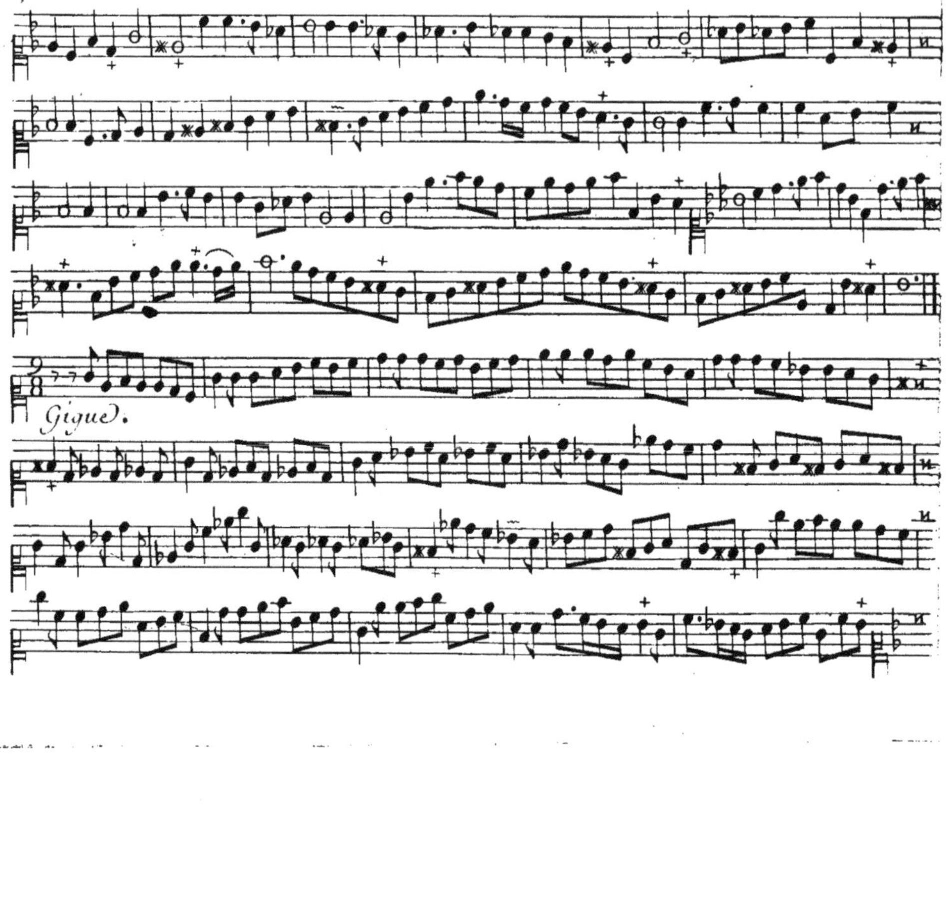

Gigue.

Air de bergeries.

PRIVILEGE GENERAL DU ROY.

LOÜIS par la grace de Dieu, Roy de France et de Navarre a nos amés et feaux Con^{ers} les gens tenans nos cours de Parlement M^{es} des req^{tes} ord^{res} de nostre hotel grand Conseil Prevôt de Paris Baillifs, Senechaux leurs lieutenans Civils, et autres nos Justiciers qu'ils appartiendra, SALUT notre Bien Amé Le Sr DENIS, Nous a faik exposer qu'ils desireroit donner au public vn nouveau Systeme de Musique pratique, et differentes pieces de musique tant instrumentale que vocale de sa Composition S'il nous plaisoit luy accorder nos lettres de privilege pour ce necessaire & A CES CAUSES voulant favorablement traiter le Sr Exposant, Nous lui avons permis et permettons par ces presentes de faire graver ou Imprimer en un ou plusieurs Volumes et autant de fois que bon lui semblera, et de le faire vendre & debiter par tout notre Royaume pendant le temps de neuf années consecutives à compter du jour de la datte des Présentes, Faisons défenses à toutes personnes de quelque qualité & condition qu'elles soint d'enintroduire d'impression ou de graveurs etrangére dans aucun lieu de notre obéïssance, comme aussi à tous Libraires Graveurs Jmprimeurs d'imprimer ou faire graver vendre faire vendre, debiter ni contrefaire ledit Ouvrage, ni d'en faire aucun extrait Sous quelque pretexte que ce soit d'augmentation, correction, changement ou autres, sans la permission expresse & par ecrit dudit Sieur exposant ou de ceux qui auront droit de lui à peine de confiscation des Exemplaires contrefaits, de trois mil livres d'amende contre chacun des contrevenans, dont un tiers à Nous, un tiers à l'Hôtel Dieu de Paris, et l'autre tiers audit Sr Exposant, ou à celui qui aura droit de lui, et de tous dépens, dommages & interêts, à la charge que ces presentes seront enregistrées tout au long sur le Registre de la Communauté des Libraires & Jmprimeurs de Paris dans trois mois de la date d'icelles que l'impression du dit ouvrage sera faite dans notre Royaume & non ailleurs en bon papier & beaux caractere. conformément à la feuille imprimée attachée pour modelé sous le contre-scel des Présentes, que l'Impetrant se conformera en tout aux Réglemens de la Librairie & notamment à celui du 10 Auril 1725. Qu'avant de L'exposer en vente, le Manuscrit qui aura serui de copie à l'impression dudit Ouvrage sera remis dans le même etat ou l'Aprobation y aura été donnée, és mains de notre trés-cher & Féal Chevallier le Sr Daquesseau Chancelier de france, Commandeur de nos Ordres, et qu'il en sera ensuite remis deux exemplaires dans notre Bibliotéque publique, un dans celles de notre Château du Louvre, et un dans celle de notre trés-cher & féal Chevalier le Sieur Daguesseau Chancelier de France, le tout à peine de nullité des Presentes, du contenu desquelles vous mandons & enjoignons de faire jouir ledit Exposant & ses ayans causes, pleinement & paisiblement, sans souffrir qu'il leur soit fait aucun trouble ou empêchement, Voulons que la Copie des présentes qui sera imprimée tout au long au commencement ou à la fin dudit Ouvrage soit tenue pour dûment signifiée, et qu'aux Copies collationnées par l'un de nos amées feaux Con^{ers} & Secretaire, foi soit ajoutée comme à l'Original, Commandons au premier notre Huissier ou sergent sur ce requis, de faire pour l'exécution d'icelles, tous Actes requis & necessaires sans demander autre permission, et nonobstant clameur de Haro, Chartre Normau & Lettres à ce contraires CAR tel est notre plaisir DONNÉ à VERSAILLES le dix sept jour du mois de feurier l'an de grace mil Sept cent quarante Sept et de notre regne le trente deuxieme par le Roy en son Conseil Signé SAINSON. Registré sur le Registre onze de la chambre Royale et Sindicale des libraires et Jmprimeurs de Paris N°. 754. fol. 666: Conformement aux anciens Reglements a la charge de fournir a la dite chambre huit Exemplaires prescrits par l'article 108. du Reglement de 1703. a Paris le 20 fevrier 1747. G. Cavelier Pere. Sindic.